BEI GRIN MACHT SICH IHR WISSEN BEZAHLT

- Wir veröffentlichen Ihre Hausarbeit,
  Bachelor- und Masterarbeit

- Ihr eigenes eBook und Buch -
  weltweit in allen wichtigen Shops

- Verdienen Sie an jedem Verkauf

Jetzt bei www.GRIN.com hochladen
und kostenlos publizieren

Robert Michalowski

Lernortkooperationen in der betrieblichen Bildung

GRIN Verlag

Bibliografische Information der Deutschen Nationalbibliothek:

Die Deutsche Bibliothek verzeichnet diese Publikation in der Deutschen National-
bibliografie; detaillierte bibliografische Daten sind im Internet über http://dnb.d-
nb.de/ abrufbar.

Impressum:

Copyright © 2010 GRIN Verlag GmbH
Druck und Bindung: Books on Demand GmbH, Norderstedt Germany
ISBN: 978-3-640-84299-5

Dieses Buch bei GRIN:

http://www.grin.com/de/e-book/167713/lernortkooperationen-in-der-betrieblichen-
bildung

GRIN - Your knowledge has value

Der GRIN Verlag publiziert seit 1998 wissenschaftliche Arbeiten von Studenten, Hochschullehrern und anderen Akademikern als eBook und gedrucktes Buch. Die Verlagswebsite www.grin.com ist die ideale Plattform zur Veröffentlichung von Hausarbeiten, Abschlussarbeiten, wissenschaftlichen Aufsätzen, Dissertationen und Fachbüchern.

Besuchen Sie uns im Internet:

http://www.grin.com/

http://www.facebook.com/grincom

http://www.twitter.com/grin_com

Fakultät für Geistes- und Sozialwissenschaften

Referatsausarbeitung im Rahmen des Bachelorstudiengangs

Bildungs- und Erziehungswissenschaften

Lernortkooperationen in der betrieblichen Bildung

SEMINAR: **Theoretische Grundlagen betrieblicher Bildungsarbeit**

Datum: 01.09.2010

Inhalt

Einleitung

Die berufliche Bildung unterliegt einem stetigen Wandel. Mit Anbruch des letzten Drittels des 19. Jahrhunderts werden Ausbildungsberufe immer weiter differenziert, aber dabei die Berufsbildung zentralisiert, systematisiert und reguliert (vgl. Dehnbostel 2010, S. 11;). Auf Bildungs- und Qualifizierungsangebote in der Arbeit wurde aus Gründen wie zu hohen Kosten oder einem zu hohen organisatorischem Aufwand verzichtet. Es wurde davon ausgegangen, dass sich eine innerbetriebliche Weiterbildung nur schädlich auf die Arbeitsabläufe auswirken würde, so wurden Bildungs- und Qualifizierungsmöglichkeiten an überbetrieblichen, zentralen Bildungsstätten angeboten (vgl. Dehnbostel 2010, S. 11; Euler 2002, S.6). Erst mit der Veränderung der Arbeits- und Organisationskonzepte und der damit verbundenen, fast vollkommenen Umstrukturierung des Aus- und Weiterbildungssystems änderte sich dieses. Groß- und Mittelbetriebe forderten eine arbeitsplatzbezogene Aus- und Weiterbildung, weil erkannt wurde, dass somit neue Bildungsmöglichkeiten entstehen können und effektiver und effizienter Kompetenzen der eigenen Mitarbeiter gefördert werden können. Somit veränderte sich auch die Ausbildung im dualen Ausbildungssystem und dementsprechend die Anforderungen an Betrieb und Berufsschule, sowie an Ausbilder, Lehrer und Auszubildende.

Mit der Umstrukturierung der Sekundarstufe II im Jahr 1974 wurde ein neues Konzept zur Pluralität der Lernorte eingeführt. Der Bildungsrat unterschied zwischen vier sich durch ihre pädagogische Funktion unterscheidende Lernorte, die Schule, den Betrieb, die Lehrwerkstatt und das Studio. Durch die spätere Einführung von Lernfeldern wurde die handlungsorientierte Kooperationen zwischen den Lernorten immer notwendiger (vgl. Pätzold 2006, S. 26).

Mit der weiteren Ausdifferenzierung des Lernortbegriffs durch Nuissl (1991), Faulstich/Zeuner (1999) u. A. kamen zu den bisherigen vier Lernorten immer weitere, den unterschiedlichen Bildungsfeldern zugeordnete Lernorte hinzu (ebd., S. 27). Somit musste auch die Kooperation zwischen den bisherigen Lernorten erweitert werden.

Nach Dehnbostel (2010) beschäftigt sich die betriebliche Bildungsarbeit insbesondere mit lernförderlichen- und hemmenden Bedingungen im Arbeitsprozess. Somit wird es nun Inhalt dieser Arbeit sein, durch die Vorstellung verschiedener Typisierungs- und Definitionsmöglichkeiten einen Überblick über allgemeine Ansätze zu Lernortkooperationen zu geben. Um auf Grundlage dessen durch die Diskussion verschiedener definitorischer

Ansätze eine spezielle Form der Lernortkooperationen und zwar die Berufs- und Weiterbildungsnetzwerke wissenschaftlich zu durchdringen. Damit wird es möglich abschließend zu diskutieren, inwieweit Lernortkooperationen und im Speziellen Berufs- und Weiterbildungsnetzwerke Bestandteil der betrieblichen Bildungsarbeit sind.

Die Lernortkooperation

Die Kooperation zwischen Lernorten besteht bereits seit den 50er Jahren und unterliegt genauso wie die Berufsbildung selbst einem ständigen Wandel. Die Art und Weise der Kooperation war in den 50er Jahren weniger auf das Zusammenwirken zwischen Berufsschule und Betrieb ausgelegt, als auf die Abgrenzung der Berufsschulen von den Betrieben. Denn nur so, glaubte man, könne eine Souveränität und Autonomie der Berufsschulen aufrechterhalten bzw. gewährleistet werden. Diese wollten sich, als der weniger angesehene Teil der dualen Ausbildung nicht durch die Betriebe vereinnahmen lassen (vgl. Euler 2004, S. 12).

Aber auch heute existieren verschiedene Ansätze und Typisierungen von Lernortkooperationen. Dehnbostel (2010) beschreibt die Lernortkooperation als „[…] die pädagogische, didaktisch-methodische, organisatorische und institutionelle Zusammenarbeit des Bildungspersonals an verschiedenen Lernorten […]" (Dehnbostel 2010, S. 59). Dem gegenüber gibt Pätzold (2002) eine ähnliche Definition, welche sich jedoch in zwei wesentlichen Punkten unterscheidet. Er sagt, dass Lernortkooperation „ […] das technisch-organisatorische und das pädagogisch begründete Zusammenwirken des Lehr- und Ausbildungspersonals […]" darstellt (Pätzold 2002, S. 72) welches an den Lernorten die an der beruflichen Bildung beteiligt sind, stattfindet. Die Verwendung des Wortes Zusammenwirken bei Pätzold (2002) beschreibt bereits die Intensität der Kooperation. Dehnbostel (2010) dagegen spricht von der Zusammenarbeit. Ein weiterer Unterschied besteht in den Lernorten, welche an der Kooperation beteiligt sind. Pätzold (2002) beschränkt diese nur auf die Lernorte, welche an der beruflichen Bildung beteiligt sind. Dehnbostel (2010) fasst die Definition etwas weiter und spricht von verschiedenen Lernorten. Inwieweit diese Eingrenzung von Bedeutung ist, ist sicherlich davon abhängig wie der Lernort definiert wird. Allgemein kann gesagt werden, dass eine Kooperation von Lernorten bereits auf der untersten Ebene, dem Informieren, stattfinden kann. Euler (2004) unterteilt die

Zusammenarbeit innerhalb einer Lernortkooperation in drei Ebenen, welche den Grad bzw. die Intensität dieser beschreiben.

(1) Die Ebene des gegenseitigen Austauschs von Informationen durch das Bildungspersonal

(2) Die Ebene des gegenseitigen Abstimmens des berufspädagogischen Handelns und des eigenverantwortlichen Umsetzens dieses Handelns

(3) Die Ebene des Zusammenwirkens, wobei hier Ausbilder und Lehrer gemeinsam an Konzepten oder vereinbarten Vorhaben arbeiten.

Diese Unterteilung beschreibt die Intensität der Zusammenarbeit, also das gemeinsame, kooperative Handeln. Es ist aber auch Möglich Lernortkooperationen nach Kooperationsaktivitäten oder dem gemeinsamen Kooperationsverständnis zu typisieren (vgl. Dehnbostel 2010, S.58 f.; Euler 2004, S. 12; Pätzold 2002, S. 72).

Pätzold (2002) gibt eine weitere, sich auf vier Ebenen erstreckende Einteilung des Verständnisses von Lernortkooperationen. Wobei er sich überwiegend auf das duale Ausbildungssystem, also auf Ausbildungsbetrieb und Berufsschule beschränkt.

(1) Das pragmatisch-formale Kooperationsverständnis

Hier sind über die formale, vorgeschriebene Zusammenarbeit wie z.B. die gemeinsame Orientierung an den Prüfungsanforderungen oder Ähnlichem hinaus keine weiteren Kooperationsintensionen zu erkennen.

(2) Das pragmatisch-utilitaristische Kooperationsverständnis

Die Zusammenarbeit innerhalb der Kooperation wird hier direkt aus den persönlichen Erkenntnissen und den erlebten Problemen heraus abgeleitet. Dabei bildet der Bedarf einer Seite bzw. eines Kooperationspartners die Grundlage der Zusammenarbeit.

(3) Das didaktisch begründete Kooperationsverständnis

Dieses wird aus didaktisch-methodischen Konzepten des beruflichen Lernens abgeleitet und beruht auf der Arbeit mit den Hintergründen und Grundlagen berufsbezogenen Lernens.

(4) Das bildungstheoretische Kooperationsverständnis

Es baut auf das didaktisch begründete Kooperationsverständnis auf und beschreibt aus einer umfassenden Bildungstheorie heraus verschiedene Ziele für das gesellschaftliche Handeln (vgl. Pätzold 2002, S. 75-83).

Pätzold (2002) befindet sich mit seinem Typisierungsvorschlag auf der Verständnisebene von Lernortkooperationen. Er sieht Lernortkooperationen als Förderung der Berufsbildung und der pädagogischen Vorgänge innerhalb dieser. Lernortkooperationen sollen diese Vorgänge für alle an der Kooperation Beteiligten optimieren. Somit ist nach Pätzold (2002) die Intensität bzw. Güte der Kooperation am Verhalten des Ausbildungs- und Lehrpersonals in Betrieb und Schule auszumachen (ebd., S. 83). Ergänzend zu Pätzold hat Walden (1999) anhand der tatsächlich stattfindenden Kooperationsaktivitäten in der Berufsbildung eine Erweiterung der bereits bestehenden Ebenen erarbeitet. Dazu wurde in die Merkmale Kontakthäufigkeit, Kooperationsrahmen und Kooperationsinhalt unterschieden und es entstanden fünf neue Ebenen.

(1) Es sind fast keine Kooperationskontakte vorhanden. In der Ausbildung gibt es gibt es überwiegend keine Absprachen zwischen Berufsschule und Ausbildungsbetrieb. Die Berufsschule hat aus Sicht des Betriebes nur einen geringen Stellenwert.

(2) Die Kooperationsaktivitäten beschränken sich ausschließlich auf die Arbeit in Arbeitskreisen zwischen Berufsschule und Betrieb, welche durch das Berufsbildungsgesetz bzw. die Handwerksordnung festgelegt sind. Die individuelle Zusammenarbeit findet nur sehr selten statt und die Ausbildung im Betrieb existiert überwiegend separat und losgelöst von der Berufsschule.

(3) Aus Problemen in der Ausbildung und Prüfung der Auszubildenden ergeben sich die Kooperationsaktivitäten. Die Zusammenarbeit mit der Berufsschule wird vom Ausbildungsbetrieb als förderlich und nützlich angesehen.

(4) Durch einen regelmäßigen Kontakt zwischen Ausbildern und Berufsschullehrern können erste, gemeinsame didaktisch-methodische Konzepte entwickelt und umgesetzt werden. Die Zusammenarbeit zwischen Betrieb und Berufsschule beschränkt sich nun nicht mehr nur auf die Lösung von aktuellen Problemen.

(5) Die didaktisch-methodische Zusammenarbeit wird durch eine individuelle Kontaktaufnahme zwischen den Beteiligten der verschiedenen Lernorte und die stetige gemeinsame und lernortübergreifende Arbeit vertieft. Somit können gemeinsame Ausbildungsvorhaben durgeführt werden (vgl. Walden 1999, S. 135 ff.; Walzik 2004, S. 4 ff.).

Die Kooperation zwischen den einzelnen Lernorten findet nicht zwischen Lernort A und Lernort B statt, sondern immer zwischen den an den jeweiligen Lernorten beteiligten Personen. Somit sind die jeweiligen Beteiligten auch immer Vertreter der Lernorte, welche sie repräsentieren. Sie haben daher auch unterschiedliche Interessen und Ziele, welche die Kooperation betreffen. All diese teilweise unterschiedlichen Ziele müssen innerhalb eines Prozesses diskutiert und abgestimmt werden (vgl. Walzik 2004, S. 2 ff.). Von den gemeinsamen Vereinbarungen der jeweiligen Zielpools ist das Funktionieren der Lernortkooperation abhängig. Eine Lernortkooperation und ihre Intensität bzw. ihr Typ ist von dem Gelingen des Zielaustauschs der einzelnen Kooperationspartner abhängig. Wenn nur persönliche Ziele verfolgt werden, also der Selbstzweck in der Kooperation vorherrscht, kann diese gar nicht funktionieren. Im Gegensatz dazu ist es möglich, dass sich Ziele der unterschiedlichen Parteien gegenseitig ergänzen. Trotzdessen müssen für ein Funktionieren der Lernortkooperation nicht alle Interessen der jeweiligen Akteure verfolgt werden. Sobald „[…] eine befriedigende Anzahl von Zielen erreicht [wird]" (Walzik 2004, S. 5), kann die Lernortkooperation gelingen. Nach Walzik (2004) sind die Erklärungen über die Ziele von Lernortkooperation und die Diskussion dieser von größerer Bedeutung als die Diskussion von Rahmenbedingungen, da die Rahmenbedingungen aus den Zielen resultieren und die Diskussion von Zielen den vollständigen Prozess der Kooperation überdauern kann, ohne dabei hemmend auf die Zusammenarbeit zu wirken (ebd., S. 3).

Die verschiedenen Ziele der einzelnen Akteure und Kooperationspartner können sehr komplex sein, daher kann hiermit nur ein kurzer Überblick über Ziele und Rahmenbedingungen von Lernortkooperationen gegeben werden.

Berufs- und Weiterbildungsnetzwerke
Es gibt unterschiedliche Formen von Lernortkooperationen, welche in der Praxis meist in Projekten umgesetzt werden. Inhalt dieses Abschnitts soll es nun sein Lernortkooperationen als Berufs- und Weiterbildungsnetzwerke näher zu beschreiben und unterschiedliche Ansätze zu diskutieren.

Die bereits einleitend angesprochenen Veränderungen in der Aus-und Weiterbildung wirken sich auch auf die Arten der Kooperationen aus. Durch den Wandel von Arbeit und Qualifizierung, welcher verschiedene Ursachen hat, wird die Kooperation von Lernorten auch über weite Distanzen und nicht nur zu Zwecken der Ausbildung, immer wichtiger. Diese Ursachen fasst Dehnbostel (2010) hauptsächlich in vier Trends zusammenfassen.

(1) Dem wachsenden Einfluss von Informations- und Kommunikationstechnologien, welcher sich durch die vollständige Umstellung auf die Arbeit mit Computern und verschiedenen Rechnersystemen zeigt. Diese sind Voraussetzung um wettbewerbsfähig zu bleiben und just-in-time zu arbeiten, was wiederum setzt neue Kompetenzen der Mitarbeiter und Mitarbeiterführung voraussetzt und somit auch eine Veränderung der Arbeitsorganisation und Steuerung der unterschiedlichen Abteilungen mit sich bringt (vgl. Dehnbostel 2010, S. 13).

(2) Dem wachsenden Dienstleistungscharakter, der sich durch das immer größer werdende Angebot an Dienstleistungen, einerseits außerhalb des Unternehmens, andererseits aber auch innerhalb des Unternehmens bemerkbar macht. Es besteht nun nicht mehr nur das Dienstleistungsverhältnis zwischen Dienstleister und Kunden, sondern auch innerhalb des Unternehmens zwischen den verschiedenen, sich zuarbeitenden Abteilungen. Damit wird die Aneignung von neuen Kompetenzen und Qualifikationen wieder notwendig (vgl. Dehnbostel 2010, S. 14).

(3) Der wachsenden Lern-und Prozessorientierung moderner Arbeit, welche sich durch die wachsende Bedeutung des Lernens in der Arbeit in neuen Lernformen zeigt, da die Anforderungen an die verschiedenen Tätigkeiten in der Arbeit mehr und mehr wissensbasiert und dienstleistungsorientiert sind. Die im Taylorismus streng festgelegten Arbeitsweisen und Arbeitsinhalte werden nun durch eine starke Kundenausrichtung und viele unterschiedliche Geschäftsprozesse, welche miteinander verknüpft sind ersetzt (ebd., S. 14).

(4) Der Wertewandel und die Subjektivierung der Arbeit, werden durch das steigende Interesse an Bildung und Wissen, sowohl von der Seite der Arbeitgeber, als auch der Arbeitnehmer konkret. Dies führt zu einer spürbaren Veränderung im Arbeitsleben und in Bildungseinrichtungen, welche auf die Eigeninitiative der Menschen sich (weiter)- zu bilden auf verschiedene Art und Weise reagieren müssen. Die Individualität am Arbeitsplatz und die lernförderliche Arbeitsgestaltung sind auch Gründe für die oben beschriebenen Veränderungen (ebd., S. 15).

Wie aus den vier Trends hervorgeht haben sich die Grundprinzipen, die Werte und die Formen der Arbeit in den letzten Jahren stark verändert. Aber auch neben diesen Megatrends können weitere Anforderungen an die Kooperationsbildung gefunden werden. Dehnbostel (2007) schreibt, dass um eine komplexe Darstellung von Arbeits- und Betriebsrealitäten gewährleisten zu können, das Lernen dezentralisiert werden muss. Dies wiederum wird nur durch eine Verknüpfung und Zusammenarbeit von unterschiedlichen Lernorten möglich (vgl.

Dehnbostel 2007, S. 24). Sydow (2006) gibt weitere Anforderungen an Lernortkooperationen welche zu einer Netzwerkbildung als Lernortkooperation führen können. Er spricht von wachsender Internationalisierung und Globalisierung, Erhaltung der Wettbewerbsfähigkeit und dem konsequenten Verlangen nach Prozessorientierung (vgl. Sydow 2006, S. 387). Bei dem Vergleich der Gründe bzw. Anforderungen fällt auf, dass die Anforderungen Sydows' aus Dehnbostel's Megatrends deduziert werden können.

Wie bereits oben beschrieben werden nun Lernortkooperationen benötigt, welche zu den neuen Bedingungen passen und trotzdem eine Kooperation ermöglichen. Die Berufs-und Weiterbildungsnetzwerke mit dem im Folgenden beschriebenen Aufbau und ihren speziellen Merkmalen erfüllen viele der durch den Wandel der Arbeits- und Bildungswelt gestellten Anforderungen.

Netzwerke im Allgemeinen können unterschiedlich organisiert sein. Dehnbostel (2010) unterscheidet Netzwerke in fünf unterschiedliche Formen. Elektronische Netzwerke, virtuelle Netzwerke, ökonomische bzw. strategische Netzwerke, soziale und regionale Netzwerke und Lern-/Qualifizierungs-/Berufsbildungsnetzwerke, wobei diese nicht nur streng in ihrer Form existieren können. Ein soziales Netzwerk kann bspw. auch über ein elektronisches Netzwerk organisiert sein. Sydow (2006) dagegen sieht die Beschreibung von Netzwerken mehr Strukturtheoretisch und vernachlässigt dabei zum Teil die Beschreibung der Eigenschaften des Netzwerkes. Er unterscheidet wesentlich in zwei Hauptformen von Netzwerken, die intra- und die interorganisationalen Netzwerke. Die Einen beschreiben Netzwerke innerhalb einer Organisation und die Anderen die Netzwerkbildung zwischen externen Beteiligten. Danach untergliedert er weiter nach der Form oder dem Grund der Vernetzung. Netzwerke können bspw. horizontal oder vertikal, stabil oder dynamisch oder auch zentriert oder dezentriert organisiert sein (vgl. Sydow 2006, S. 393 f.).

Diese Beschreibungen der Netzwerktypen sind nicht voneinander abzugrenzen, es sind nur verschiedene Möglichkeiten den Aufbau bzw. die Struktur eines Netzwerkes zu beschreiben. Die von Dehnbostel beschriebenen fünf Haupttypen können durch Sydow's Unterteilung weiter beschrieben werden, so kann ein virtuelles Netzwerk bspw. vertikal und dynamisch organisiert sein.

Um nun die Frage zu beantworten wie ein Berufs- und Weiterbildungsnetzwerk eigentlich zu definieren ist werden unterschiedliche Ansätze von Dehnbostel, Sydow und Wilbers verglichen, um festzustellen inwieweit eine allgemeingültige Definition über Berufs-und Weiterbildungsnetzwerke gefunden werden kann. Sydow (2006) beschreibt die Zusammenarbeit in Netzwerken relativ allgemein als „Kooperation in und/oder zwischen relativ autonomen, gleichwohl in ein Netz von Beziehungen eingebundenen Organisationen bzw. Unternehmungen [...]" (Sydow 2006, S1). Wird dies nun mit der Definition Dehnbostels' (2007/10) verglichen fällt auf, dass dieser bei der Lernortkooperation als Berufs- und Weiterbildungsnetzwerke die Kooperationsakteure genauer definiert. Die von Sydow als Organisationen und Unternehmungen bezeichneten Akteure werden bei Dehnbostel zu Lernorten mit den jeweiligen Beteiligten. Die Beziehungen zwischen den einzelnen an der Netzwerkbildung Beteiligten werden bei Sydow als relativ autonom bezeichnet. Dies Bedeutet, dass Regeln und Gesetze innerhalb des Netzwerkes selbst- und eigenständig entworfen werden, jedoch auch, dass jedes Mitglied des Netzwerkes selbstständig arbeitet. Dehnbostel beschreibt diese Beziehung etwas anders. „Die einzelnen Lernorte in den Netzwerken sind zumeist institutionell abgegrenzt, gleichwohl im Sinne der Lernortkooperation aufeinander bezogen und unter netzwerktypischen Merkmalen gestaltet" (Dehnbostel 2010,S. 65). Die institutionelle Abgrenzung beschreibt die Abgrenzung der unterschiedlichen Lernorte. Die Berufsschule ist als Institution vom Betrieb abgegrenzt, aber trotz dieser Abgrenzung besteht eine netzwerktypische Beziehung zwischen den einzelnen Institutionen, auf welche im Laufe dieser Arbeit noch eingegangen wird. Wilbers (2004) fasste seine Definition von Berufs- und Weiterbildungsnetzwerken noch weiter. Er beschrieb diese als eine Gruppe von Organisationen, die sich in einer nicht näher beschriebenen Art und Weise mit Bildung bzw. Berufsbildung beschäftigen, wobei zwischen den einzelnen Beteiligten bestimmte Beziehungen existieren (vgl. Wilbers 2004, S. 68-72). Wird dieser Ansatz nun mit Dehnbostel und Sydow verglichen fällt auf, dass die Beziehungen zwischen den einzelnen Organisationen nicht näher beschrieben sind und es nach Wilbers ausreicht, dass sich die einzelnen Kooperationsakteure mit Bildung oder Berufsbildung beschäftigen.

Um den Vergleich der Definitionen abzuschließen kann gesagt werden, dass Sydow sehr strukturtheoretisch eine allgemeine Aussage über die Netzwerkbildung trifft und somit die nähere Beschreibung der Beziehungen innerhalb des Netzwerkes vernachlässigt. Wilbers dagegen liefert eine Beschreibung von Berufsbildungsnetzwerken welche typisch für berufsbildende Schulen sind, da auch dort einer seiner wesentlichen Forschungsschwerpunkte liegt. Er geht dabei nicht näher auf die Beziehungen zwischen den Kooperationspartnern ein und beschreibt die Eigenschaften der an der Netzwerkbildung beteiligten Organisationen nicht genauer, sonder sagt nur, dass sie sich mit Bildung bzw. Berufsbildung beschäftigen. Dehnbostel gibt im Gegensatz zu beiden Anderen eine Beschreibung der Akteure, die Lernorte mit den jeweiligen Beteiligten sind. Außerdem beschreibt er auch die Beziehungen zwischen den einzelnen Lernorten und gibt als einziger das Ziel der Lernortkooperation an. Dieses ist die Qualifizierung von Personen und Gruppen durch „[...] die Förderung und Durchführung von Kompetenzentwicklungsprozessen, Qualifizierungs- und Berufsbildungsmaßnahmen" (Dehnbostel 2010,S. 65).

Berufs- und Weiterbildungsnetzwerke haben bestimmte Merkmale, die sich teilweise stark von anderen Lernortkooperationen unterscheiden. Ein Hauptmerkmal, aus dem sich weitere Eigenschaften ableiten lassen, ist die gemeinsame Aufgabenbearbeitung, durch das gemeinsame Interesse an einem bestimmten Ziel zum gegenseitigen Vorteil. Dies ist nur möglich, wenn alle Beteiligten gleichberechtigt, ohne bestimmte Kontrollbefugnisse unter gegenseitiger Abhängigkeit arbeiten. Dieses gemeinsame Arbeiten geschieht dezentral, eigenverantwortlich und unter Einhaltung gemeinsam beschlossener Vereinbarungen. Das gemeinsame, dezentrale Arbeiten bei gegenseitiger Abhängigkeit setzt offene Strukturen voraus, die entsprechend der Aufgabenbearbeitung veränderlich sind. Um eine direkte Interaktion und Intervention zu gewährleisten wird auf feste und vertragliche Regeln verzichtet und das Netzwerk über ein Management organisiert (vgl. Dehnbostel 2010, S. 66).

Wilbers (2004) nennt Vorteile, welche sich aus seinen Erfahrungen mit Berufsbildungsnetzwerken in berufsbildenden Schulen ergeben haben. Wie bereits oben beschrieben, ist es notwendig das Lernen zu dezentralisieren um eine realitätsnahe Arbeits- und Betriebswelt darstellen zu können, dazu wird es notwendig verschiedene Lernorte zu verknüpfen. Dies wird durch eine Vernetzung verschiedener Lernorte innerhalb einer Lernortkooperation stark vereinfacht. Außerdem erleichtert ein Berufsbildungsnetzwerk die Zusammenführung verschiedener Lernformen, welches nach Lempert (1995) von außerordentlicher Wichtigkeit für eine erfolgreiche Berufsausbildung ist. Dieser sagt, dass eine erfolgreiche Berufsausbildung nur durch eine regelmäßig stattfindende Abwechslung von verschiedenen Lernarten gewährleistet werden kann (vgl. Lempert 1995, S. 229). Durch Berufsbildungsnetzwerke wird der Übergang innerhalb des Berufsbildungssystems wesentlich erleichtert, so z. B. der Übergang innerhalb der Sekundarstufen oder der einzelnen ISCED-

Level. Es wird einfacher Probleme quantitativer Art, also Probleme mit dem Ausbildungsbetrieb, die mehrere Personen betreffen, zu lösen. Berufs-und Weiterbildungsnetzwerke verbessern die Ausbildung; sie erhöhen ihre Effizienz und Qualität. Außerdem kann die Qualität einer Region durch ein regionales Berufsbildungsnetzwerk gesteigert werden, da die Region bei einem guten Bildungsangebot auch für Firmen, Familien und Investoren interessanter wird (vgl. Wilbers 2004, S. 67 ff.).

Reflexion
Durch die bereits oben beschriebene, wachsende Wichtigkeit des lebenslangen Lernens, sowie dem Lernen in der Arbeit und den damit verbundenen Fort- und Weiterbildungen, werden auch die Organisation des Lernens und die Lernabläufe immer wichtiger. Durch die Bildung von Kooperationen verschiedener Orte in denen Lernprozesse stattfinden, wird die Möglichkeit der Bildung wesentlich größer und auch ihre Qualität deutlich besser (vgl. Dehnbostel 2010, S 57, 67; Wilbers 2004, S. 67). Die Bildung von Netzwerken bewirkt, dass es in vielen Bereichen möglich ist, Zeit, Geld und Arbeitskraft zu sparen. Daher wird die Zahl der Netzwerkbildungen in den nächsten Jahren weiter zunehmen. Zudem werden betriebliche Lernorte und der Lernort Arbeitsplatz künftig immer stärker in einem vernetzten System wirken (vgl. Dehnbostel 2010, S. 67; Sydow 2006, S.392 ff.).

Um nun die zu Beginn gestellte Frage zu beantworten, ob und inwieweit Lernortkooperationen und speziell Berufs- und Weiterbildungsnetzwerke Bestandteil der betrieblichen Bildungsarbeit sind, soll kurz betrachtet werden, was betriebliche Bildungsarbeit ausmacht. Sie umfasst jegliche Formen der Trainings-, Qualifizierungs- und Berufsbildungsmaßnahmen, welche entweder im Unternehmen stattfinden oder durch das Unternehmen organisiert, durchgeführt oder in Auftrag gegeben werden. Außerdem stellt die Aus- und Weiterbildung einen weiteren wesentlichen Bereich der betrieblichen Bildungsarbeit dar (vgl. Dehnbostel 2010, S. 4). Inhalt von Lernortkooperationen ist die Bildung, zum Einem die Vereinfachung und Lösung von Bildungsproblemen und Absprache von pädagogischen Zielen und Inhalten, zum Anderen die Möglichkeit sich zu bilden und auf unterschiedlichste Formen durch die Vielfalt der Lernorte zu lernen.

Werden nun die Berufs- und Weiterbildungsnetzwerke als spezielle Form der Lernortkooperation betrachtet, kann festgestellt werden, dass die Qualifizierung von

Individuen und Gruppen sowie die Durchführung von Berufsbildungsmaßnahmen sowohl als Ziel der Netzwerke, als auch als Bestandteil von betrieblicher Bildungsarbeit aufzuführen ist. Dies wiederum beantwortet die zu Beginn gestellte Frage und bedeutet, dass Lernortkooperationen und auch Berufs- und Weiterbildungsnetzwerke als Inhalt der betrieblichen Bildungsarbeit zu sehen sind.

Quellen und Literatur

Dehnbostel, Peter (2004): Berufsbildungsnetzwerke als Lernortkooperation und
Weiterentwicklung der Lernorttheorie. In: U. Elsholz & P. Dehnbostel (Hrsg.).
Kompetenzentwicklungsnetzwerke. Konzepte aus gewerkschaftlicher, berufsbildender
und sozialer Sicht, Berlin, S. 127-138

Dehnbostel, Peter (2007): Lernen im Prozess der Arbeit. Münster u.a.

Dehnbostel, Peter (2010): Betriebliche Bildungsarbeit. Kompetenzbasierte Aus- und
Weiterbildung im Betrieb. Hohengehren

Euler, Dieter (Hrsg.) (2004): Handbuch der Lernortkooperation. Band 1: Theoretische
Fundierung. Bielefeld

Pätzold, Günter (1999): Lernortkooperationen-Stand und Perspektiven. Bielefeld. S. 136 f.

Pätzold, Günter (2002): Lernfelder-Lerortkooperation-Neugestaltung der Beruflichen
Bildung. In: Dortmunder Beiträge zur Pädagogik Band 30. Bochum

Pätzold, Günter/Goerke, Deborah (2006): Zur Geschichte des Lernortbegriffs in der Berufs-
und Erwachsenenbildung. Lernen und Arbeiten an unterschiedlichen Orten?. In „DIE
Zeitschrift für Erwachsenenbildung",
http://www.diezeitschrift.de/42006/paetzold0601.pdf; 15.09.2010

Sydow, Jörg (2006): Management von Netzwerkorganisationen. Wiesbaden

Wilbers, Karl (2003): Berufsbildende Schulen als Kompetenzzentren in regionalen
Netzwerken? In: Verband der Lehrerinnen und Lehrer an Berufskollegs in
Nordrhein-Westfalen e.V. (Hrsg.). Bildungsnetzwerke und E-Learning. Düsseldorf
(VLBS) 2003, S. 50-60.

Wilbers, Karl (2004): Das Sozialkapital von Schulen – Die Bedeutung von Netzwerken,
gemeinsamen Normen und Vertrauen für die Arbeit von und in Schulen. 13.
Hochschultage Berufliche Bildung 2004. Bielefeld